A Dança das Emoções
Psicologia do Trade

NA JORNADA DO ZERO AO DIAMANTE

AUTOR : RUI ALMEIDA

DIGITALIUM 2024

A Dança das Emoções:

Psicologia do Trade

Autor : Rui Almeida
Digitalium 2024 Todos os direitos reservados

ISBN: 9798876055422

Introdução

Apresentamos um mergulho profundo na mente do trader, explorando cada passo do complexo balé entre racionalidade e instinto no cenário do mercado financeiro.

Começando com uma introdução envolvente, o livro abre caminho pelo fascinante mundo do trading, desvendando como a psique influencia cada operação.

A narrativa avança revelando os mistérios do cérebro do trader e como as emoções interferem decisivamente nas escolhas de mercado.

Alerta para as armadilhas cognitivas ocultas, desmontando as ilusões que costumam desviar os operadores de suas estratégias lógicas.

O livro mergulha nas sensações de medo e ganância, estabelecendo práticas de gerenciamento que mantêm esses sentimentos sob controle.

Discutindo psicologia do sucesso, enfatiza a necessidade de uma rígida autodisciplina e o desenvolvimento de estratégias para decisões ponderadas, confrontando a eterna luta entre análise téc nica e fundamentalista.

O poder da intuição também é enaltecido, classificado como crucial para identificar nuances do mercado que a análise convencional poderia ignorar.

Confrontando a tempestade de crises, o livro aborda resiliência e gestão do stress e da pressão, elementos-chave para a sobrevivência e prosperidade no universo dos trades.

Olhando para o horizonte, a obra especula sobre o futuro da psicologia no trade, sempre conectando perigos e soluções, para que o leitor esteja equipado com ferramentas mentais que garantam não apenas a sobrevivência, mas a excelência neste campo.

Dedicação

Este livro é dedicado a todos aqueles que estão dispostos
a embarcar na empolgante jornada :

Do zero ao Diamante

que mesmo sem terem percorrido ainda este caminho
desejam aprender com as experiências valiosas
de quem já o trilhou diversas vezes
trabalhando com paixão e determinação
no caminho do progresso e do autoaperfeiçoamento.

Dedicado à minha Comunidade

Discord - Bad Bitch Club
https://discord.gg/QNer8f9wJ6

e aos meus seguidores do canal

Youtube: Crypto Digitalium PT
https://www.youtube.com/@digitaliumpt.

Dedicado a :

Paula Cavaco

Diogo Almeida

M.H.J.C.A.

M.V.P.D.A.

Sumário

Introdução

Capítulo 1

O Intrigante Mundo do Trading

O mundo do trading é um universo fascinante onde os mercados financeiros se transformam em verdadeiros campos de batalha. A paixão, a adrenalina e a incerteza se misturam nessa arena onde as emoções humanas desempenham um papel central. Vamos aprofundar nossa compreensão sobre esse intrigante mundo e as emoções que o impulsionam.

Antes de continuarmos, pare e pense: o que o trading significa para você? Além dos números e gráficos, ele é uma experiência emocional única, onde a ansiedade e a excitação se encontram. É uma dança em que os traders navegam pelas ondas dos mercados, equilibrando-se entre o medo e a ganância.

O trading envolve comprar e vender ativos financeiros, como ações, moedas e commodities, na busca por lucro.
Essa atividade é executada em diversos mercados, que podem ser físicos, como a Bolsa de Valores, ou virtuais, como as plataformas online. Por trás de cada decisão de trading, há um ser humano, e é aí que a psicologia entra em cena.

Você já se perguntou por que alguns traders são bem-sucedidos enquanto outros sofrem perdas catastróficas?
A resposta está nas emoções e na psicologia.

Vamos desvendar os segredos por trás dessas decisões emocionais e como elas moldam o destino dos traders.

O trading não é apenas uma atividade; é um microcosmo de paixões humanas, um espelho da psique coletiva onde cada notícia, cada variação nos índices, cada oscilação nos gráficos é como uma onda no vasto mar do comportamento humano.

Aqueles que se aventuram neste universo descobrem rapidamente que o trading é menos sobre finanças e mais sobre a gestão de emoções.

Antes de prosseguirmos, convido-te a refletir ainda mais profundamente: qual é a essência do trading para ti?

Imagine além dos números e dos gráficos, perceba o trading como uma jornada emocional, uma odisséia psicológica pessoal, cruzando os precipícios da dúvida e os picos da confiança.

Enxergas o padrão?

A cada movimento do mercado, a cada notícia que afeta as expectativas, experiencias um turbilhão que apenas aqueles que encontram o seu centro emocional podem navegar com maestria.

Nesta jornada, cada trader é um alquimista das emoções, transmutando medo em prudência, transformando ganância em estratégia.

É necessário reconhecer as próprias emoções, acolhê-las sem permitir que dominem a cena.

No fim, é uma dança delicada entre o racional e o emocional, uma dança que desafia o trader a manter-se firme e sereno mesmo quando as tempestades do mercado testam sua resiliência.

O que distingue os mais bem-sucedidos?

É a habilidade de reconhecer as emoções como sinais, não como juízes.

É a capacidade de ler o mercado não apenas com os olhos mas com a mente e o coração, detectando as correntes subterrâneas que movem as ondas de compra e venda.

A psicologia do trading é a chave mestra dessa sala de espelhos. Não se trata apenas de reações rápidas, mas de uma compreensão mais profunda de si mesmo e dos outros.

Esta compreensão é fundamental para avançar do caos à clareza, da confusão à estratégia, e, por fim, do desejo de lucro à realização de sucesso consolidado e sustentável.

Está preparado para mergulhar mais fundo na tua própria mente e desenterrar os tesouros ocultos que moldam as decisões de trading?

Vamos continuar esta incursão, desafiando os limites do que pensavas ser possível e descobrindo, juntos, os segredos desse misterioso mundo.

Capítulo 2

O Cérebro do Trader: Decifrando o Enigma

A mente humana é uma máquina complexa e intrigante, e o cérebro do trader é o epicentro de suas operações.

Este capítulo nos levará em uma jornada fascinante pelo órgão mais importante do trader: o cérebro.

Quando um trader se depara com um gráfico de preços que os cila violentamente, seu cérebro está em alerta máximo.

Mas o que acontece no interior desse órgão complexo?

A neurociência do trading nos revela que a tomada de decisões envolve diversas áreas do cérebro, incluindo o córtex pré-frontal, responsável pelo pensamento racional, e o sistema límbico, associado às emoções.

Imagine que você é um trader diante de uma decisão crítica.

Seu cérebro processa uma montanha de informações, desde notícias econômicas até intuições. Isso, por si só, é um desafio monumental, mas há mais.

O trading é uma corrida contra o tempo, e a pressão só aumenta à medida que os segundos passam.

A rápida análise de probabilidade e risco são funções essenciais que o trader demanda de seu cérebro.

À medida que enfrentamos situações de tensão nos mercados, o nosso sistema límbico – a parte do cérebro que lida com emoções como o medo e a alegria – começa a enviar sinais que potencialmente podem distorcer nossa racionalidade.

Surge então um conflito interno entre o impulso e a lógica, entre o risco e a recompensa.

Esse embate entre as áreas cognitivas e emotivas do cérebro não é um acaso; é uma herança evolutiva que nos ajudou a sobreviver como espécie.

O trader moderno, no entanto, deve aprender a dominar esses instintos primordiais para se alinhar com o ambiente calculista e muitas vezes impiedoso dos mercados financeiros.

Dominar o trading é, em muitos aspectos, dominar o próprio cérebro.

A capacidade de aplicar a auto-reflexão, contemplando as próprias emoções e pensamentos como dados a serem analisados, não é apenas uma habilidade – é uma arte.

Uma variedade de técnicas pode ajudar nesse processo, incluindo mindfulness, treinamento de foco e controlar conscientemente a resposta do nosso sistema nervoso ao stress.

A disciplina mental torna-se, então, uma ferramenta valiosa.

Metódicos exercícios de análise mental e práticas de autoconsciência podem desenvolver a resilência do trader e aprimorar a qualidade das decisões tomadas sob pressão.

A atenção plena, que treina a mente para operar no presente, é particularmente útil, ajudando a manter-se centrado e vigilante, imune às oscilações das marés emocionais desencadeadas pela volatilidade dos mercados.

À medida que enfocamos essas nuances, o trader começa a entender que o cérebro é de fato um aliado, capaz de incríveis façanhas de computação e análise, desde que gerido de forma eficaz.

Este gerenciamento do cérebro envolve nutrir uma mentalidade que favorece a clareza, a calma e a visão estratégica, elementos vitais para um trading bem-sucedido.

Portanto, assim como um marinheiro se prepara para enfrentar um oceano tempestuoso, um trader deve estar equipado com o conhecimento necessário para navegar no mar turbulento da psicologia de mercado.

Ao treinar a mente para funcionar em sua capacidade máxima, o trader não se torna apenas um participante dos mercados, mas um verdadeiro mestre de suas próprias capacidades intrínsecas.

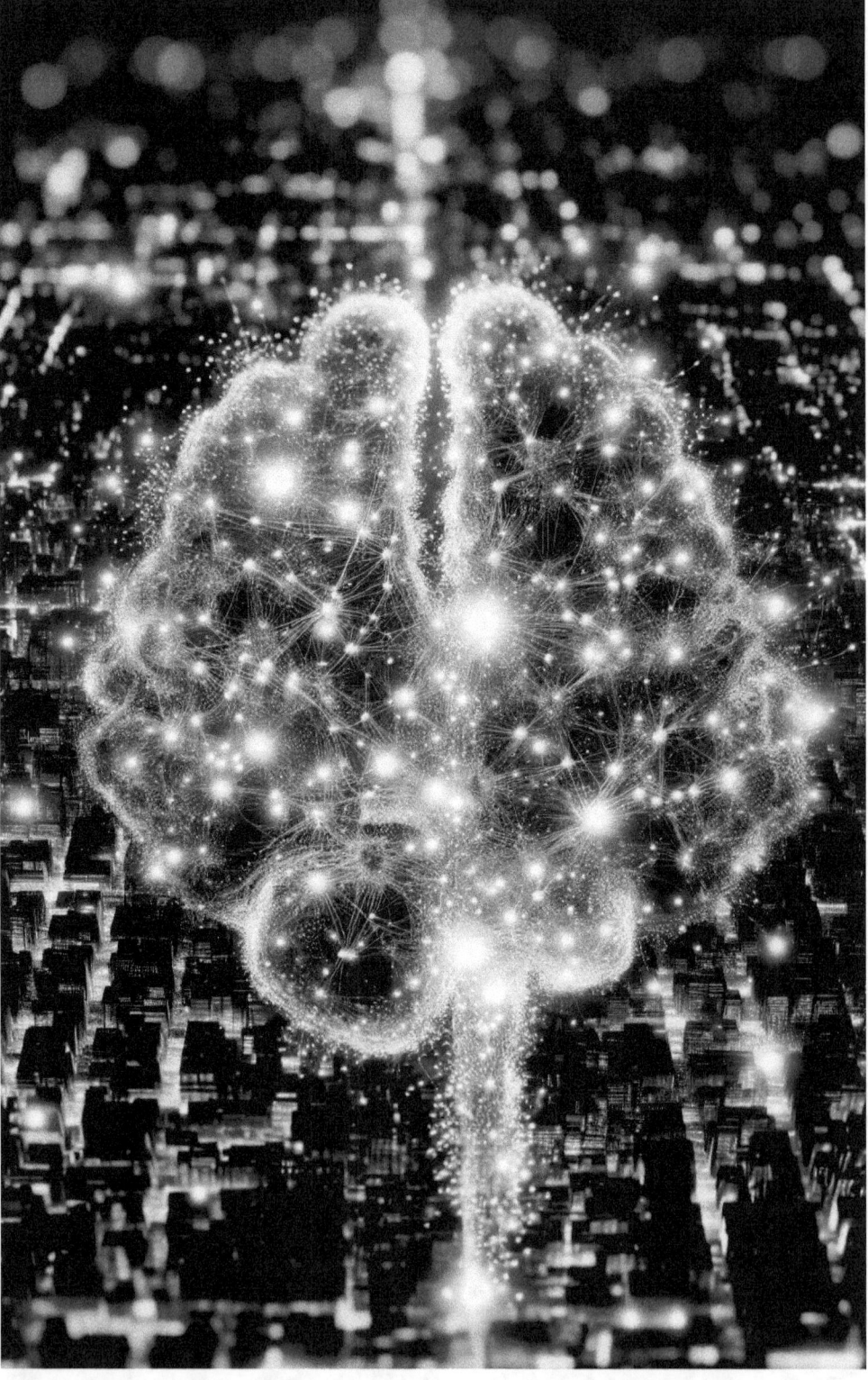

Capítulo 3

A Influência das Emoções nas Tomadas de Decisão

Neste capítulo, vamos explorar como as emoções, tanto positivas quanto negativas, afetam as decisões de trading.

Você já se pegou hesitando antes de apertar o botão de compra ou venda?

Isso é normal; as emoções estão no cerne das nossas ações.

O medo é um dos sentimentos mais poderosos no trading.

Ele pode paralisar um trader, levando-o a perder oportunidades valiosas.

Por outro lado, a ganância pode nublar o julgamento, fazendo com que se ignorem os sinais de perigo.

Estar ciente dessas emoções é o primeiro passo para superá-las.

Estudos de psicologia mostram que o medo é uma reação natural a situações de ameaça, enquanto a ganância está ligada ao desejo de recompensa.

É importante reconhecer que essas emoções desempenham um papel fundamental, mas elas precisam ser equilibradas.

Afinal, é essa dança emocional que dá vida ao trading.

Ao mergulhar nas águas profundas da psicologia do trading, identificamos que, assim como um leme guia um navio, as emoções direcionam nossas decisões nos momentos mais críticos.

Mas como manter o curso quando ondas de medo e ventos de ganância ameaçam nos desviar de nossos objetivos de longo prazo?

O medo, muitas vezes visto como um antagonista em nosso enredo financeiro, na verdade, possui uma função protetora essencial. Prevenir perdas catastróficas é sua principal missão.

No entanto, como um capitão competente, o trader precisa saber quando é hora de içar as velas ou quando é mais prudente buscar abrigo contra uma tempestade iminente.

A habilidade de distinguir uma simples turbulência de mercado de um verdadeiro maremoto financeiro só vem com experiência e um estudo cuidadoso do mar de volatilidade.

Por outro lado, a ganância, muitas vezes retratada como um vilão em nossa história, é o que nos empurra para explorar novos horizontes e arriscar em busca de terras e tesouros desconhecidos.

Quando bem canalizada, transforma-se em ambição , uma energia vital que, com a orientação correta, pode levar a conquistas notáveis.

O equilíbrio entre medo e ganância é alcançado através do autoconhecimento.

Afirmar "conhece-te a ti mesmo" nunca foi tão pertinente.

O trader que compreende suas emoções pode aproveitá-las como bússolas, indicando quando é hora de avançar e quando é necessário retornar e replanejar.

Mas isso exige mais do que uma simples percepção passageira; requer um exame aprofundado e constante dos padrões emocionais que surgem em resposta aos movimentos do mercado.

O próximo passo é a construção de estratégias psicológicas

— defesas mentais —

Que permitam ao trader permanecer na rota mesmo quando as ondas emocionais ameaçam inundar o convés.

Isso pode envolver a definição de regras estritas de entrada e saída de operações, técnicas de respiração para manter a calma durante análises de alta pressão ou até a implementação de ferramentas de automação que ajudam a evitar decisões impulsivas.

Por fim, aquele que almeja dominar a psicologia do trading deve aceitar que o crescimento ocorre na intersecção de vitórias e derrotas.

Aprender com os erros e celebrar as vitórias modestas no processo são movimentos vitais na grande dança das emoções no trading.

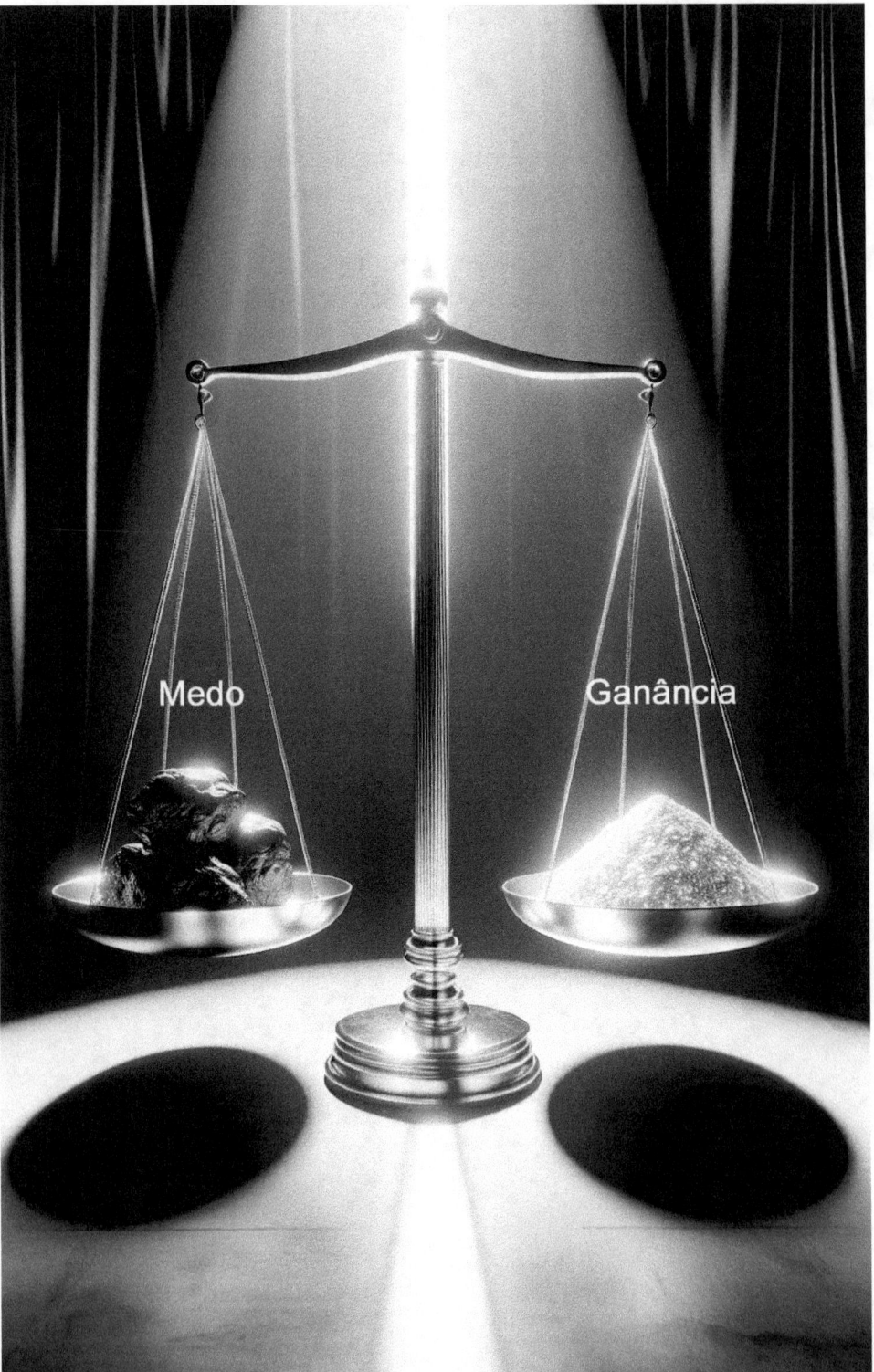

Capítulo 4

Armadilhas Cognitivas: O Inimigo Invisível

Os traders enfrentam um inimigo invisível, as armadilhas cognitivas, que podem sabotar suas decisões.

Essas armadilhas são falhas de pensamento que levam a decisões erradas, apesar das melhores intenções.

Vamos explorar algumas delas.

Imagine que você está em um mercado em alta, e as ações de uma empresa têm apresentado ganhos consistentes.

Sua mente pode cair na armadilha da "falácia do jogador", acreditando que, se algo ocorreu muitas vezes recentemente, deve continuar a ocorrer no futuro.

No entanto, os mercados são notoriamente voláteis, e essa suposição pode ser desastrosa.

Para muitos traders, a armadilha da "confirmação" é um desafio.

Eles buscam informações que confirmem suas crenças, evitando dados que as contradigam.

Isso pode levar a decisões enviesadas e prejudiciais.

Reconhecer essas armadilhas é o primeiro passo para evitá-las e tomar decisões mais informadas.

As armadilhas cognitivas são astúcias mentais que nos levam a crer em ilusões de controle, sobreconfiança e várias outras quimeras que distorcem nossa percepção da realidade do mercado. Esses enganos mentais podem ser evitados?

Com vigilância e educação, sim, podemos desarmar essas armadilhas insidiosas antes que nos enredem.

Além da "falácia do jogador" e da "armadilha da confirmação", encontramos outras como a "aversão à perda", onde o medo de perder é tão forte que impede o trader de cortar as perdas cedo demais.

Esta armadilha pode desvirtuar a visão objetiva, impondo uma otimização imprudente de estratégias mesmo quando os sinais sugerem o contrário.

Outra armadilha é o "efeito âncora", em que damos muito peso a uma informação inicial e a usamos como referência para todas as decisões futuras.

Esta ancoragem pode impedir a adaptação a novas informações, cristalizando um padrão de pensamento e ação que já não serve aos melhores interesses do trader.

A "sobrecarga de informação" também é uma armadilha comum. Na tentativa de fazer a decisão 'perfeita', o trader pode consumir excessivamente dados, gráficos e notícias, o que muitas vezes leva à paralisia por análise. Aprender a filtrar o ruído e a focar nas informações-chave é crucial para operar com eficácia.

E quanto à armadilha do "excesso de confiança"?

Aqui, os traders sobrestimam suas habilidades, conhecimentos e intuições, o que os leva a tomar decisões arriscadas e, por vezes, irracionais.

Essa armadilha é perigosa pois geralmente está atrelada a um histórico de sucesso, o que torna o risco da queda ainda maior.

O autoquestionamento contínuo e a reflexão são ferramentas na luta para escapar dessas armadilhas cognitivas.

Construir um plano de trading sólido e aderir ao mesmo, desenvolver uma mentalidade que valorize a mudança e a flexibilidade, e praticar a humildade cognitiva são aspectos essenciais para navegar num mercado que está em constante mudança.

O efeito âncora é uma armadilha cognitiva muito comum não só no trading, mas nas decisões do dia a dia.

Basicamente, é quando a gente se fixa numa informação inicial e usa ela como referência para tudo depois, mesmo que tenha novas informações mais relevantes.

No trading, isso pode acontecer quando um trader se fixa, por exemplo, no preço inicial que pagou por um ativo e não consegue se adaptar a que o mercado tá dizendo agora. essa âncora pode impedir ele de cortar perdas ou de aproveitar oportunidades porque ele tá preso naquela primeira impressão.

O efeito âncora é um fenômeno psicológico que ocorre quando um trader identifica um padrão, e se fixa nele como um sinal confiável para tomar decisões.

Este efeito pode levar a uma visão tunelada, onde o trader ignora outros sinais que poderiam indicar que o padrão identificado é, na verdade, inválido.

É fundamental estar ciente desse viés cognitivo , mais conhecido por para não cair na armadilha de confiar cegamente em um único indicador e, assim, realizar uma análise mais completa e diversificada antes de tomar decisões no mercado.

É importante reconhecer essa tendência pra não cair na armadilha e ficar mais aberto a mudanças, confiando nos dados atuais e nas análises objetivas.

Para contornar o efeito âncora, é importante ter um mindset flexível e algumas estratégias na manga:

Consciência:

Reconhecer que o efeito âncora existe já é meio caminho andado, fica alerta às decisões baseadas apenas em informações iniciais.

Dados atuais:

Foca nos dados e tendências atuais do mercado, em vez de te prenderes no que era válido no passado.

Plano de trading:

Desenvolve um plano de trading sólido e segue-o. isso vai ajudar a diminuir o impacto das emoções e impulsos no processo decisional.

Diversificação:

Não te apegues a uma única posição ou estratégia; isso vai ajudar a reduzir o peso da âncora numa decisão específica.

Revisão periódica:

Estabelece períodos regulares para revisar e ajustar teus critérios de investimento e estratégias.

Lembrando sempre que o autoconhecimento é chave para não só identificares esses vieses cognitivos, mas para os superares. conta comigo para mais dúvidas!

O excesso de confiança pode ser um grande perigo no trading. se te achares sempre certo e não ponderares o risco, podes acabar tomando decisões precipitadas que te levem a perdas.

Para contornar isso, aqui vão algumas dicas:

Humildade:

Lembra-te que ninguém consegue prever o mercado 100% do tempo. está aberto a aprender sempre.

Controlo de risco:

Define limites de riscos claros para as tuas operações e cumpre-os à risca.

Registos e análise:

Mantém um diário de trading para analisares as tuas decisões e os seus resultados.

Educação contínua:

Mantém-te sempre a estudar e a atualizar os teus conhecimentos.

Ao teres consciência das armadilhas do excesso de confiança e seguires estratégias conscientes, podes criar um equilíbrio saudá-vel e ser um trader mais sábio e bem-sucedido.

Capítulo 5

Gerenciando o Medo e a Ganância

Gerenciar o medo e a ganância é fundamental para o sucesso no trading. Neste capítulo, vamos explorar estratégias práticas para controlar essas emoções intensas.

Um trader experiente sabe que o medo e a ganância são como duas feras famintas que precisam ser domadas.

Eles podem surgir quando você está prestes a tomar uma decisão crítica. O medo sussurra: "E se eu perder tudo?"

Enquanto a ganância insiste: "Esta é a oportunidade de uma vida!"

Uma estratégia eficaz para lidar com o medo é definir limites claros. Isso significa estabelecer um ponto de saída antes de entrar em uma negociação.

Quando o mercado se move contra você e o medo começa a se instalar, você pode confiar em seu plano preestabelecido, que o protege de perdas catastróficas.

Já a ganância, como um ímã de risco, pode ser controlada definindo metas realistas de lucro.

Ao atingir as metas, saia da negociação.

É importante lembrar que os mercados sempre apresentarão oportunidades, e a ganância desenfreada pode levar a perdas inesperadas.

Uma técnica valiosa para manter o equilíbrio emocional é manter um diário de trading, anote suas emoções, decisões e resultados. Isso não apenas fornece uma visão sobre suas tendências emocionais, mas também ajuda a aprender com suas experiências passadas.

Lembre-se, o medo e a ganância são partes naturais do trading, mas a chave está em mantê-los sob controle.

Encontre o equilíbrio, seja disciplinado e siga seu plano de trading.

Este é o caminho para o sucesso no intrincado mundo do trading.

Dentro do palco psicológico do trading, o medo e a ganância são protagonistas que podem tanto conduzir a atuações memoráveis quanto a desastres esquecíveis.

Para que sejam estrelas que brilham no sentido correto, é preciso conhecê-las intimamente e entender suas raízes e desejos.

O Medo:

O medo fala da aversão ao risco profundamente enraizada dentro de nós, o receio de perder o que tanto lutámos para conseguir.

No ambiente incerto do trading, essa emoção é como um alarme que pode soar alto, ecoando a pergunta: "E se eu perder tudo?".

Mas o medo também é um conselheiro, alertando quando beiramos o perigo.

Para contornar o medo, é preciso estabelecer um sistema de segurança pessoal – um conjunto de medidas e estratégias que assegurem que a exposição ao risco não te deixe vulnerável a um golpe fatal no portfólio.

Aqui entram os stop-loss e os limites de risco diário, semanal e mensal.

Dessa forma, mesmo nas horas de temor, existe uma âncora de segurança que previne tomadas de decisão precipitadas.

O medo está intrinsecamente gravado no nosso ADN, um legado dos nossos antepassados da pré-história.

Este instinto de proteção era vital para a sobrevivência em um mundo repleto de ameaças reais e iminentes, como predadores e desastres naturais.

Ao longo das gerações, o medo evoluiu como uma resposta biológica para nos manter alertas e prontos para responder a perigos.

No entanto, na sociedade moderna, muitas vezes, esse instinto ancestral precisa ser gerido para que não nos impeça de tomar riscos calculados ou nos leve a evitar desafios que são essenciais para o nosso crescimento e desenvolvimento pessoal e profissional.

O medo é uma reação natural que todos enfrentamos.

Ele surge como um alarme que nos advém do perigo, moldado pela evolução para nossa sobrevivência.

Porém, esse sentimento é passageiro, uma onda emocional que vem e vai.

Importante mesmo é reconhecer que, embora o medo possa ser superado pelo confronto ou pela ação, o arrependimento deixado pela inação pode se eternizar na nossa consciência.

Como eu digo nas lives do youtube:

 'mas lembrem-se que o medo é temporário e o arrependimento é para sempre'.

Isso nos lembra de viver com coragem e consciência, aproveitando as oportunidades que a vida nos oferece.

A Ganância:

Já a ganância é o sopro de ousadia no ouvido do trader, a força que o move na busca por mais, muitas vezes cegando-o para a realidade do mercado.

Para dominá-la, é necessário determinar previamente os objetivos e as metas de lucro e não se desviar do curso quando eles forem atingidos.

É essencial entender que a ganância pode ser a arquiteta tanto de fortunas quanto de ruínas.

Definir um ponto de realização de lucros (take-profit) é uma estratégia que impede que o desejo incensante de mais se transforme numa catástrofe.

Aceitar as vitórias pequenas e constantes e saber sair no momento certo são habilidades que o trader deve cultivar.

Diário de Trading:

Um diário de trading emerge como um dos alicerces para uma saúde emocional robusta no trading.

Escrever sobre as emoções, sobre as operações e os seus contextos cria uma base de dados pessoal valiosíssima.

Podes identificar padrões, perceber erros recorrentes e celebrar progressos.

Mais do que isso, o diário é um espelho da tua alma trader, refletindo tanto os sucessos quanto as fraquezas.

Resiliência e Autoconhecimento:

No fim de contas, a resiliência e o autoconhecimento são os verdadeiros heróis desta história.

O autoconhecimento permite não só entender as próprias reações aos movimentos do mercado, mas também antever e se preparar para elas.

A resiliência é o que te permite aceitar perdas como lições e lucros como frutos do teu esforço e estratégia.

Capítulo 6

Psicologia do Sucesso: Controle e Disciplina

A disciplina é o alicerce do sucesso no trading.

Neste capítulo, exploraremos como manter o controle emocional e a disciplina podem levar a resultados positivos no mundo do trading.

Imagine que você é um alpinista enfrentando uma montanha desafiadora.

A disciplina é sua corda de segurança, garantindo que você não caia no abismo do comportamento impulsivo.

Um trader disciplinado estabelece rotinas e regras rígidas para suas operações. Isso não apenas reduz o impacto das emoções, mas também aumenta a consistência nos resultados.

Existem 7 frequências de desenvolvimento em trading :

1 - Animal - Impulsivo e reativo, guiado por emoções básicas como medo e ganância.

2 - Inconsciente Incompetente - Não sabe muito e não está ciente de suas limitações.

3 - Consciente Incompetente - Reconhece suas limitações e começa a aprender.

4 - Consciente Competente - Tem habilidade mas requer esforço consciente para aplicá-las.

5 - Competente - As habilidades tornam-se mais naturais e menos esforçadas.

6 - Consistência - Capaz de manter a performance de forma consistente.

7 - Maestria (Mastery) - Elevado nível de competência e experiência, onde o trading é uma expressão do self e quase uma segunda natureza.

Vou detalhar cada uma das frequências para te dar uma melhor compreensão:

Animal:

Neste estágio, as ações são dominadas pelas reações instintivas.

O trader pode agir de forma impulsiva, permitindo que emoções como o medo e a ganância controlem as suas decisões de trading, muitas vezes levando a escolhas precipitadas e a resultados inconsistentes.

Inconsciente Incompetente:

Aqui, o trader não tem conhecimento suficiente para perceber a extensão de sua falta de habilidade.

Eles podem não entender completamente o mercado e suas próprias limitações.

É a fase da ignorância blissful, por assim dizer.

Consciente Incompetente:

Nesta fase, o trader torna-se ciente de suas deficiências e começa o processo de aprendizagem.

Eles sabem que precisam de desenvolver conhecimentos e habilidades para melhorar seus resultados.

Consciente Competente:

O trader agora possui habilidades e começa a aplicá-las de forma mais deliberada.

Embora as decisões sejam mais informadas, ainda há um grande esforço consciente e atenção dirigida para manter a disciplina e seguir a estratégia.

Competente:

As habilidades do trader tornaram-se tão enraizadas que ele pode operar com menos esforço consciente.

Muitas das ações do trader são automáticas, e eles podem manter a consistência com naturalidade.

Consistência:

Além de ser capaz de aplicar habilidades de trading eficazmente, o trader nesta fase tem a capacidade de alcançar resultados consistentes.

Eles têm um sistema e um mindset que permite a replicação do sucesso, trade após trade.

Maestria:

Os traders que atingem a maestria são aqueles que incorporaram plenamente suas habilidades, conhecimentos e estratégias.

Eles entendem profundamente o mercado e a si mesmos, e conseguem permanecer equilibrados, mesmo em situações de extrema volatilidade.

O trading torna-se uma extensão deles mesmos.

Capítulo 6

Psicologia do Sucesso: Controle e Disciplina

A disciplina é o alicerce do sucesso no trading.

Neste capítulo, exploraremos como manter o controle emocional e a disciplina podem levar a resultados positivos no mundo do trading.

Imagine que você é um alpinista enfrentando uma montanha desafiadora.

A disciplina é sua corda de segurança, garantindo que você não caia no abismo do comportamento impulsivo.

Um trader disciplinado estabelece rotinas e regras rígidas para suas operações.

Isso não apenas reduz o impacto das emoções, mas também aumenta a consistência nos resultados.

Uma das chaves para a disciplina é a consistência.

Isso envolve seguir rigorosamente seu plano de trading, independentemente das circunstâncias.

Os traders disciplinados não se desviam de sua estratégia só porque uma negociação está indo contra eles.

Eles confiam no processo em vez de reagir às emoções momentâneas.

Lembre-se de que o trading é uma maratona, não uma corrida de curta distância.

Portanto, a paciência é uma virtude essencial.

Se você se mantiver disciplinado e consistente, com o tempo, colherá os frutos de suas operações.

O controle emocional e a disciplina são a força motriz por trás do sucesso no trading.

Entrar no trading é embarcar numa viagem que exige não apenas navegação, mas também o controle firme do leme.

A disciplina é esse leme, e ela começa com a criação de um conjunto de regras que funcionam como balizas na estrada sinuosa dos mercados financeiros.

Rotinas e Regras:

Os traders mais bem-sucedidos são comparáveis a atletas olímpicos.

Eles seguem um treinamento rigoroso, estabelecem rotinas diárias que os preparam mental e emocionalmente para o dia de trading e aderem religiosamente às suas regras e planos.

Uma rotina pode incluir revisão dos mercados, análise de trades anteriores, exercícios de atenção plena e visualização de cenários de trading.

Consistência e Planos de Trading:

Consistência é vital.

Não interessa se estamos em um dia de grandes vitórias ou perdas severas; o plano é a lei.

Se a sua estratégia dita que após uma perda de 2% do portfólio é hora de parar, então é isso que se faz.

Confiar no processo significa confiar nas estratégias que foram criadas e testadas fora do calor do mercado, não na trincheira emocional de um trade ao vivo.

A Jornada de Longo Prazo e a Paciência:

Visualizar o trading como uma maratona ajuda a manter a perspectiva.

Não pode haver uma única negociação que vai fazer ou quebrar a carreira de um trader; é o acúmulo de pequenas vitórias e perdas, é a gestão do risco ao longo do tempo que fará a diferença.

Educação e Adaptação:

Ademais, é preciso ter em mente que a disciplina não é rigidez cega; ela deve vir acompanhada de uma vontade de aprender e adaptar-se.

Mercados mudam, novas informações surgem.

Revisar e ajustar estratégias é tão disciplinado quanto seguir um plano.

Suporte e Ferramentas:

Por fim, uso de ferramentas pode fortalecer a disciplina.

Plataformas e algoritmos não são subjugados pelas emoções; eles executam o que foi estipulado, e podem servir de amparo para manter a disciplina quando a mente falhar.

Contar com a tecnologia pode ser uma forma poderosa de manter a disciplina no trading.

Aqui vão alguns exemplos:

Plataformas de Trading Automatizado:

Elas permitem que você configure estratégias predefinidas, que serão executadas automaticamente.

Por exemplo, programas que realizam trades baseados em sinais técnicos e indicadores que você escolheu.

Stop Loss e Take Profit:

Ferramentas de gerenciamento de risco que automaticamente fecham sua posição a um preço predefinido para minimizar perdas ou garantir lucros.

Backtesting de Estratégias:

Uso de softwares para testar como suas estratégias teriam performado no passado, o que ajuda a aperfeiçoar as táticas sem deixar as emoções interferirem.

Alertas e Notificações:

Configuração de alertas para aviso de mudanças de mercado relevantes, assegurando que você não perca oportunidades ou sinais de que algo precisa da sua atenção.

Lembrando sempre:

Estes são instrumentos que te ajudam na consistência, mas o fortalecimento da mentalidade vem de dentro.

Capítulo 7

Estratégias para Tomadas de Decisão Equilibradas

Neste capítulo, exploraremos estratégias para tomar decisões equilibradas no trading.

Como mencionamos anteriormente, encontrar o equilíbrio é essencial para o sucesso nesse mundo complexo.

Uma abordagem equilibrada envolve combinar tanto a análise técnica quanto a análise fundamentalista.

A análise técnica se baseia no estudo de gráficos e padrões de preços, enquanto a análise fundamentalista avalia os fundamentos financeiros das empresas.

A combinação dessas abordagens pode fornecer uma visão mais completa do mercado.

Imagine que você está fazendo uma viagem de carro.

A análise técnica é como o GPS, fornecendo direções com base na estrada à frente.

A análise fundamentalista é como o motor do carro, fornecendo a força motriz para a viagem.

Usadas em conjunto, elas o ajudam a navegar pelos mercados com maior precisão.

Outra estratégia importante é a gestão de risco.

Isso envolve definir o quanto você está disposto a arriscar em cada negociação e manter esse limite.

Os traders bem-sucedidos geralmente arriscam uma pequena porcentagem de seu capital em cada operação, isso ajuda a proteger contra perdas devastadoras e a manter o equilíbrio emocional.

Lembre-se, o trading é uma busca constante pelo equilíbrio, e a combinação de diferentes estratégias e a gestão de risco são ferramentas valiosas nesse processo.

Alcançar a harmonia nas decisões de trading é como orquestrar uma sinfonia; cada nota, cada pausa, cada acorde deve estar em perfeita sintonia.

A análise técnica e a análise fundamentalista são os instrumentos desta orquestra, e a gestão de risco é o maestro que assegura que nenhum instrumento sobreponha o outro.

Análise Técnica e Fundamentalista:

Confiar apenas na análise técnica é como navegar sem entender as correntes: você pode saber a direção, mas não a força que move o mercado. Por outro lado, a análise fundamentalista sem a técnica é operar sem uma visão clara do terreno imediato: você entenderá o que move o mercado, mas não quando e como reagir.

Gestão de Risco:

A gestão de risco é o fio que tece a segurança na tapeçaria do trading.

Estabelecer claramente quanto se está disposto a arriscar - e respeitar esse limite sob todas as circunstâncias - é a base do equilíbrio e da longevidade no mercado.

A regra de ouro de nunca arriscar mais do que uma pequena percentagem do capital da conta em uma única operação não é apenas uma estratégia; é uma filosofia de autopreservação.

Psicologia de Massa e Individualidade:

Compreender a psicologia de massa e como ela influencia os padrões dos gráficos é igualmente importante.

O trader equilibrado escuta o coro do mercado mas não canta cegamente com ele.

A decisão de ir contra a corrente ou de se juntar à melodia popular não deve ser emocional, mas baseada em uma análise criteriosa e na confiança no próprio plano de trading.

Psicologia Individual:

É também essencial integrar a psicologia individual na equação.

A auto-análise permite que o trader entenda suas próprias tendências e preconceitos, fatores que podem distorcer a percepção do mercado e levar a erros de julgamento.

Através do autoconhecimento, o trader consegue melhor identificar quando suas emoções podem estar a influenciar negativamente suas decisões de trading.

Diversificação e Adaptação:

A diversificação é outro elemento chave para um trading equilibrado.

Assim como não se coloca todos os ovos na mesma cesta, não se deve concentrar todas as esperanças de lucro em uma única operação ou mercado.

E estar sempre adaptável às mudanças do mercado assegura que a estratégia de trading evolui com as condições.

Capítulo 8

Análise Técnica vs. Análise Fundamentalista

Este capítulo explora a eterna batalha entre a análise técnica e a análise fundamentalista no mundo do trading.

Qual abordagem é a mais eficaz?

A verdade é que ambas têm seu lugar no arsenal de um trader experiente.

A análise técnica se assemelha a um pintor que observa atentamente sua tela.

Ela se concentra em padrões de preços, gráficos e indicadores, tentando prever os movimentos futuros com base no que aconteceu no passado.

Os defensores da análise técnica acreditam que o preço contém todas as informações necessárias.

Por outro lado, a análise fundamentalista é como um detetive que investiga um caso complexo.

Ela se concentra nos fundamentos das empresas, como receitas, lucros e notícias econômicas.

Os defensores da análise fundamentalista acreditam que esses fatores influenciam o valor real de um ativo e, portanto, seu preço de mercado.

A verdade é que ambas as abordagens têm seus méritos.

Alguns traders preferem confiar na análise técnica para tomar decisões rápidas em mercados voláteis, enquanto outros usam a análise fundamentalista para investimentos a longo prazo.

A chave está em entender as vantagens e desvantagens de cada abordagem e, mais importante, em reconhecer que, em última análise, a combinação de ambas pode ser a estratégia mais poderosa.

Uma pintura não está completa sem uma tela, assim como uma decisão de trading pode ser aprimorada com uma visão completa.

A dicotomia entre análise técnica e fundamentalista é tão antiga quanto os próprios mercados financeiros.

Entender a tensão entre elas é explorar duas filosofias distintas de interpretação e previsão de movimentos de mercado.

Análise Técnica:

A análise técnica é arte e ciência; é entender a psicologia coletiva e traduzi-la em gráficos que rimam com histórias passadas.

Linhas de tendência, níveis de suporte e resistência, médias móveis e uma infinidade de outros indicadores, servem de guias.

Há perigos na sua utilização, todavia.

Um excesso de confiança nos gráficos pode levar à negligência dos fundamentos sólidos ou às mudanças macroeconômicas.

Padrões podem enganar, e é essencial usar a análise técnica como parte de um arsenal estratégico mais amplo.

Análise Fundamentalista:

Já a análise fundamentalista exige paciência e um entendimento aprofundado do valor intrínseco.

Ela busca responder não ao 'como' ou 'quando', mas ao 'porquê' de um ativo ter seu valor.

Exige o exame de balanços, lucros, planos de negócios, a economia global e até a gestão de uma empresa.

Este tipo de análise traz seus próprios riscos, incluindo supervalorizar informações qualitativas ou interpretar incorretamente os dados quantitativos.

Integração das Análises:

Integrar a análise técnica com a fundamentalista é cultivar uma perspectiva holística do trading.

Embora um trader técnico possa se adeptar às rápidas mudanças dos mercados, a validação fundamentalista de suas escolhas pode reforçar a confiança nas suas decisões.

Inversamente, um investido de base fundamentalista poderá utilizar a análise técnica para otimizar pontos de entrada e saída.

Psicologia de Mercado:

Um ponto de atenção é não permitir que um viés pessoal em direção a uma das análises prevaleça e distorça o julgamento.

A flexibilidade é imprescindível; a capacidade de trocar as lentes técnicas pelas fundamentalistas dependendo do cenário de mercado é uma habilidade vital.

Prática e Continuidade:

A sabedoria no trading floresce na prática e na continuidade.

Dominar ambas as análises exige tempo, estudo e autocrítica.

A chave está em não buscar a supremacia de uma sobre a outra, mas fazer com que dançem juntas na mesma melodia do sucesso.

Capítulo 9

O Poder da Intuição: O Sexto Sentido do Trader

Neste capítulo, mergulharemos no misterioso mundo da intuição do trader.

Ela é frequentemente chamada de "sexto sentido" e pode ser uma ferramenta valiosa para tomar decisões informadas.

Você já teve a sensação de que algo estava prestes a acontecer, mesmo que não conseguisse explicar por quê?

Isso é a intuição em ação.

No trading, a intuição é a capacidade de "sentir" o mercado, muitas vezes baseada em anos de experiência e observação.

A intuição não é mágica, mas sim a síntese das informações que seu cérebro coletou ao longo do tempo.

É como juntar peças de um quebra-cabeça para ver a imagem completa.

Traders experientes muitas vezes desenvolvem um "olho clínico" para identificar oportunidades e riscos.

No entanto, é importante notar que a intuição não é infalível.

Ela deve ser usada em conjunto com outras ferramentas de análise, como a análise técnica e fundamentalista.

A intuição é como o tempero em uma receita: pode melhorar o sabor, mas não deve ser o único ingrediente.

Intuição é um fio sutil que tecemos com a trama da experiência e o urdume dos conhecimentos técnicos.

Ela pode ser uma aliada preciosa, mas como qualquer ferramenta poderosa, requer cuidado e sabedoria no manuseio.

Intuição vs. Impulso:

É crucial diferenciar intuição de impulso. Impulsos são reações emocionais rápidas e efêmeras, frequentemente suscetíveis a viéses e armadilhas psicológicas.

Já a intuição é uma ponte entre o inconsciente e o consciente, uma captura sutil dos padrões que não percebemos de maneira imediata.

Experiência e Constância:

A intuição no trading é um sentido que se refina com a prática e o envolvimento constantes nos mercados.

Traders capazes de intuir são muitas vezes aqueles que vivenciaram uma vasta gama de situações no mercado.

Eles absorveram padrões, sentimentos do mercado, e sinais, muitos dos quais não são imediatamente aparentes.

Validação e Equilíbrio:

No entanto, o perigo mora no excesso de confiança na intuição.

A sobreestimação desse sexto sentido pode levar a negligências críticas de análises e dados concretos.

Por isso, validar a intuição com factos sólidos e análises é o segredo.

Uma espécie de checagem de realidade que mantém o trader ancorado, mesmo enquanto ele permite que sua intuição o guie.

Treinamento da Intuição:

Como podemos então treinar e honrar a intuição?

A meditação e a reflexão podem ajudar, permitindo que a mente subconsciente comunique suas percepções.

Manter um diário de trading que abarque sensações e pensamentos intuitivos também pode oferecer preciosas lições retrospectivas.

Cuidados e Discernimento:

O maior cuidado a se ter é saber quando e como escutar esses sussurros internos.

A intuição deve ser uma voz entre muitas numa mesa redonda de conselheiros internos, em que a razão e a emoção também têm assento.

Capítulo 10

Resiliência e Adversidade: O Trader em Tempos de Crise

O trading é uma jornada repleta de altos e baixos.

Este capítulo explora a resiliência dos traders e como enfrentam desafios financeiros, especialmente em tempos de crise.

Os traders são como capitães de navios enfrentando mares tempestuosos.

Eles sabem que, em sua jornada, enfrentarão ondas gigantes e ventos fortes.

As crises financeiras são parte integrante dos mercados, e os traders precisam estar preparados.

A resiliência é a capacidade de se adaptar às adversidades e emergir mais forte.

Para muitos traders, as lições mais valiosas vêm de suas piores derrotas.

Eles aprendem a se levantar após quedas brutais e a ajustar suas estratégias.

A diversificação é uma estratégia-chave para a resiliência.

Ela envolve espalhar seus investimentos por diferentes ativos, reduzindo o risco de perdas devastadoras.

Além disso, a gestão de risco eficaz é fundamental para lidar com a volatilidade dos mercados.

Lembre-se de que, em tempos de crise, manter a calma e a objetividade é essencial.

A resiliência do trader é forjada em meio à tempestade, e é nesses momentos que os melhores se destacam.

A resiliência é mais do que apenas se recuperar; é uma transformação através da adversidade, a arte de navegar pelas tempestades dos mercados e utilizar as lições aprendidas para ajustar velas e reformular rotas.

Psicologia da Resiliência:

A mentalidade resiliente no trading é forjada através de um profundo compromisso com o crescimento pessoal e profissional.

Trata-se de entender que o medo de uma tempestade pode ser um mestre tão poderoso quanto a euforia de mares serenos.

A adversidade nos ensina sobre nossas mais profundas vulnerabilidades e sobre nossas inesperadas fontes de força.

Adaptabilidade e Aprendizado Contínuo:

A resiliência também passa pela adaptabilidade.

Os mercados estão em constante evolução, e o trader resiliente é aquele que está sempre aprendendo, ajustando-se dinamicamente às novas informações e condições de mercado.

A crise é a fornalha que tempera o espírito do trader, moldando habilidades e aprimorando estratégias.

Diversificação e Gestão de Risco:

A diversificação não é apenas uma proteção financeira; é uma filosofia de não colocar todas as esperanças e recusos num único cenário ou resultado.

É o reconhecimento de que a variabilidade é a única constante. Para tal, é indispensável uma gestão de risco astuta, envolvendo não só a diversificação, mas também o uso de stop-loss, a avaliação constante de exposição ao risco e o cultivo de uma mentalidade que aceita perdas controladas como parte do jogo.

Equilíbrio Emocional e Autocontrole:

Manter o equilíbrio emocional em tempos voláteis é outra faceta da resiliência.

Evoca a necessidade de distanciamento emocional, de uma perspectiva que observa a tempestade com calma e racionalidade.

Respirar fundo, preservar a paz interior e manter uma visão objetiva ajuda na tomada de decisões ponderadas, mesmo sob pressão.

Criação de Redes de Suporte:

Não menos importante é a construção de redes de suporte.

Conexao com uma comunidade de traders, procura por mentorias e a troca de experiências podem ser inestimáveis.

Aprende-se que a resiliência é também uma conquista coletiva, e que os insights compartilhados fortalecem a armadura individual.

Essa conexão é poderosa e é uma das razões pelas quais a nossa comunidade no Discord Bad Bitch Club existe.

É o lugar onde as relações de suporte não só inspiram a confiança, mas também amplificam a sabedoria coletiva.

Onde, cada membro é um elo que fortalece a rede, onde mentorias e experiências são compartilhadas e todos avançam juntos.

No BBC, a resiliência individual é galvanizada pelo coletivo, fazendo da nossa comunidade um alicerce onde traders não só sobrevivem, mas prosperam.

- Análise Técnica

Entre em sintonia com AI Trader Ninja, onde cada gráfico é dis-
secado com a precisão de um mestre espadachim.

As linhas de tendência, os padrões de velas e os indicadores
avançados se unem para fornecer prognósticos calculados, per-
mitindo-lhe antever as jogadas do mercado com uma clareza
quase premonitória.

- Análise de Fundamentos

Permita que AI Katarina ilumine o caminho através da complexa
teia de relatórios financeiros, eventos de mercado e indicadores
econômicos.

É a espada dos fundamentos cortando a névoa das especulações
e revelando o valor intrínseco dos ativos, para que suas decisões
de investimento estejam sempre alicerçadas em terreno sólido.

- Psicologia de Trading

E porque os números contam apenas metade da história, temos a
AI Mindset Pro, a sua psicóloga digital, para ajudá-lo a manter a
serenidade em meio às tempestades do mercado.

Com ela, 90 a 95% do trade que é psicológico, como bem sabe-
mos ,assume uma forma mais compreensível, ajudando-o a evitar
as armadilhas emocionais que podem comprometer uma estratégia bem elaborada.

Bem-vindo ao futuro do trading
Onde você está sempre um passo à frente.

Para saber como funciona antes de utilizar recomendo a visita ao
site : https://traderninja.club/

Capítulo 11

Gerenciando o Estresse e a Pressão

Palavras-chave: Stress, Pressão, Saúde Mental

Aqui, examinaremos as estratégias para gerenciar o stress e a pressão associados ao trading.

A saúde mental do trader é de extrema importância.

Imagine um sonâmbulo caminhando sobre uma corda bamba em um grande circo.

Essa imagem simboliza a pressão constante que os traders enfrentam.

Os mercados podem oscilar abruptamente, notícias econômicas impactantes podem surgir a qualquer momento e as decisões devem ser tomadas sob pressão.

(Apesar de que eu sou daqueles que acredito que tudo se vai revelar nas velas do gráfico, e ver as noticias como "ruido" .)

O stress é o companheiro constante do trader, mas é vital aprender a controlá-lo.

A meditação e o relaxamento são técnicas valiosas para acalmar a mente.

Da mesma forma, o exercício físico regular ajuda a liberar a tensão acumulada.

Além disso, estabelecer um equilíbrio entre o trabalho e a vida pessoal é fundamental para preservar a saúde mental.

A pressão pode levar a decisões impulsivas e, muitas vezes, prejudiciais. Portanto, é crucial manter a calma e a compostura, mesmo sob as circunstâncias mais desafiadoras.

Ter um plano de contingência e limites claros pode ajudar a aliviar a pressão.

Lembre-se de que, no mundo do trading, o gerenciamento do stress é uma habilidade essencial.

Aqueles que conseguem manter a cabeça fria têm uma vantagem valiosa em busca do sucesso.

O stresse e a pressão são inerentes à profissão de trader, tão certos quanto a mudança e a incerteza dos mercados em que operam.

Assim, desenvolver estratégias eficazes para a sua gestão é uma das habilidades mais importantes a aprimorar para a sustentabilidade da carreira e a saúde mental.

A Natureza do Estresse no Trading:

Para gerir o stress é preciso primeiro reconhecer suas múltiplas facetas: desde a pressão psicológica de tomar decisões significativas até o impacto fisiológico da tensão constante. Estar consciente da presença do stress e dos seus efeitos pode ser tanto um alerta quanto um ponto de partida para o seu manejo.

Técnicas de Redução de Estresse:

Táticas como meditação e atenção plena são essenciais, e sua prática regular pode contribuir para um estado mental mais sereno e focado.

O exercício físico não só ajuda a dissipar a tensão como também promove a liberação de endorfinas, melhorando o humor e a clareza mental.

Hábitos como sono adequado, nutrição equilibrada e momentos de lazer também são essenciais para contrabalançar a tensão do trading.

Pressão e Tomada de Decisão:

Sob pressão, a mente pode ser afetada por uma miríade de viéses, podendo resultar em decisões precipitadas e, por vezes, catastróficas.

A implementação de um plano de trading bem-estruturado e disciplinado ajuda a servir de âncora durante momentos de incerteza, permitindo que o trader confie nas estratégias previamente delineadas em vez de sucumbir aos impulsos do momento.

Contingências e Limites:

O uso de ferramentas como stops automáticos e a definição de limites claros para as operações (risk management) são essenciais para gerenciar a incerteza.

Assim como um funâmbulo usa a vara de equilíbrio para cruzar o vazio, o trader utiliza suas estratégias de gerenciamento de risco para transitar pelo precário caminho do mercado de forma mais segura.

Saúde Mental e Autocuidado:

Além disso, é imperativo apostar no autocuidado e na busca de apoio, seja através de redes de outros traders, grupos de apoio ou aconselhamento profissional.

Reconhecer os sinais de esgotamento ou ansiedade excessiva e procurar ajuda é um ato de força e autopreservação.

Capítulo 12: O Futuro da Psicologia do Trade

Palavras-chave: Inovação, Tendências, Evolução

Neste capítulo final, especularemos sobre o futuro da psicologia do trade, destacando as inovações e tendências que moldarão a indústria nos próximos anos.

O trading está em constante evolução.

A digitalização e a automação estão transformando a maneira como os traders operam.

Os algoritmos e a inteligência artificial desempenharão um papel cada vez mais significativo na tomada de decisões.

Isso levanta questões emocionantes e desafios relacionados à psicologia do trade.

A psicologia do trade se tornará mais personalizada.

Com a análise de dados avançada, os traders terão um entendimento mais profundo de seus próprios padrões emocionais e como eles afetam suas decisões.

Isso permitirá a criação de estratégias sob medida para cada indivíduo.

Além disso, a educação em psicologia do trade se tornará mais acessível.

Os traders iniciantes poderão acessar recursos valiosos para desenvolver habilidades emocionais e psicológicas desde o início de suas carreiras.

O conhecimento em psicologia do trade não será mais reservado apenas para os profissionais experientes.

A busca contínua pelo equilíbrio emocional no trading continuará a ser um tema central.

O futuro pertence aos traders que conseguirem entender e dominar suas emoções em um ambiente cada vez mais complexo e automatizado.

O futuro é um horizonte repleto de promessas e mistérios, especialmente no que toca à psicologia do trading, uma área que, embora enraizada na psique humana, está a ser constantemente redesenhada pelo avanço da tecnologia.

A Ascensão da Tecnologia e IA:

A digitalização e a inteligência artificial estão prestes a instalar uma revolução no trading.

A implementação de sistemas algorítmicos não é somente uma questão de eficiência, mas representa uma trasladação de parte do processo decisório do humano para a máquina.

Isso significará um deslocamento notável das emoções na equação do trading, suscitando uma nova espécie de psicologia de trading, uma que se integra com a IA.

Personalização e Autoconhecimento:

A personalização será o auge da psicologia do trading.

Através da análise de big data, será possível desenhar um perfil psicológico detalhado de cada trader, permitindo estratégias e abordagens psicológicas inteiramente customizadas.

Será uma combinação poderosa entre o conhecimento intrínseco e o apoio tecnológico que permitirá aos traders compreenderem e contrariarem os seus próprios vieses emocionais e cognitivos de uma forma sem precedentes.

Evolução na Educação e Acessibilidade:

A educação em psicologia do trading evoluirá para um nível onde será integrada ao trader desde o início.

Através de plataformas digitais, cursos online interativos, e realidade virtual imersiva, a preparação psicológica será tão acessível quanto a técnica e tática de trading.

Isso democratizará o conhecimento que, no passado, era domínio de poucos.

Equilíbrio Emocional e Bem-Estar:

A importância do equilíbrio emocional será cada vez mais enfatizada, conforme os traders enfrentarão mercados globalizados ainda mais intricados e velocidades de transação quase instantâneas.

O domínio das emoções, a capacidade de se manter em estado de flow e a importância de um bem-estar holístico - incluindo pausas estratégicas e gestão do tempo e energia - serão centrais para a performance de sucesso.

Interfaces Cérebro-Computador:

Inovações como interfaces cérebro-computador poderão um dia permitir uma interação direta entre o pensamento do trader e as plataformas de trading, realçando a velocidade e precisão das decisões e abrindo uma nova era na psicologia do trading onde a linha entre o pensamento humano e a máquina se tornará cada vez mais difusa.

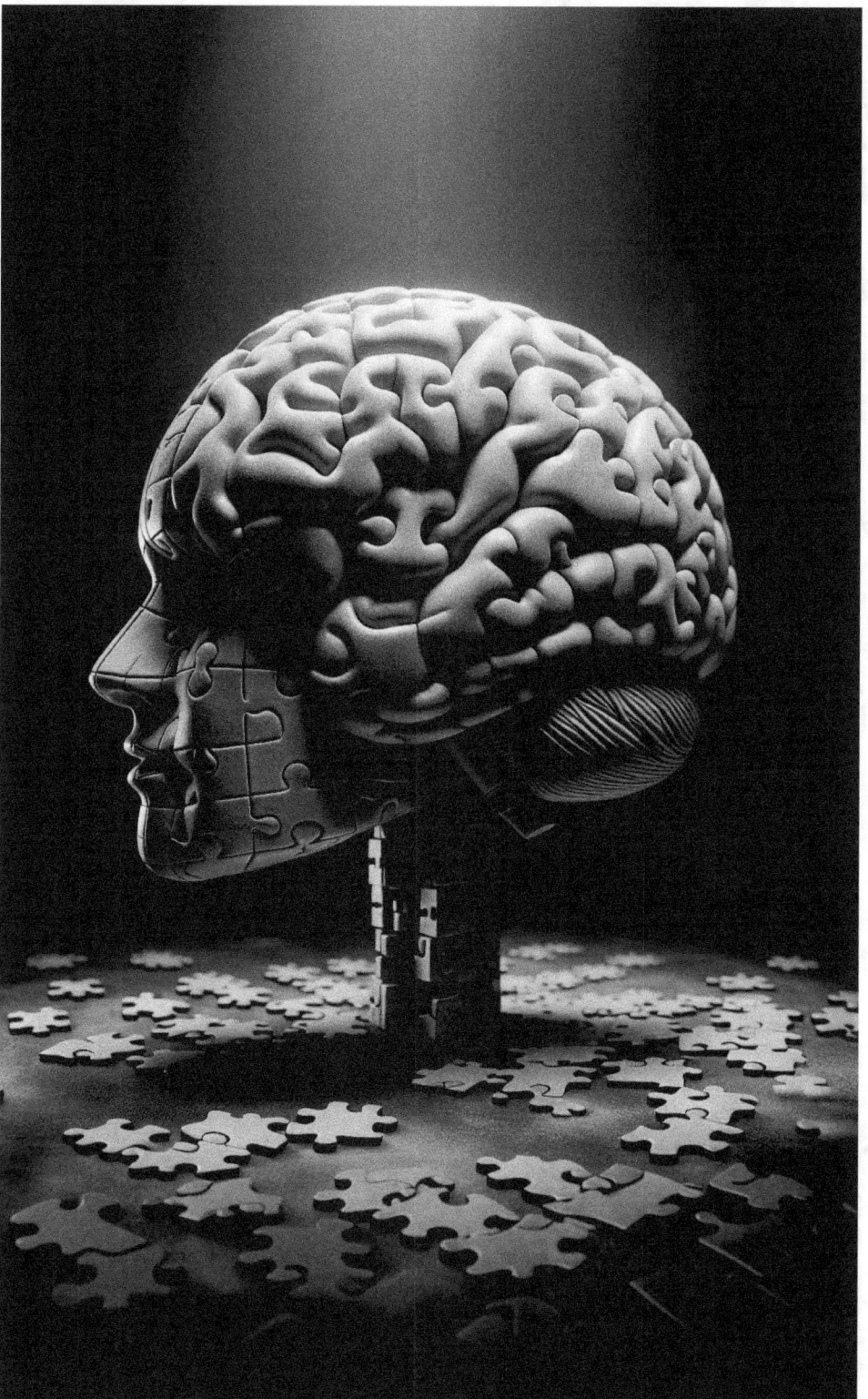

Pós-escrito - Reflexão Integral

Neste pós-escrito, relembramos a jornada que percorremos juntos, explorando a "Psicologia do Trade."

Discutimos a emocionante dança das emoções nos mercados financeiros, a complexidade do cérebro do trader, o impacto das emoções nas tomadas de decisão e as armadilhas cognitivas que todos enfrentamos.

Aprendemos a gerenciar o medo e a ganância, abordar o trading com disciplina e equilíbrio, e a reconhecer a importância da resiliência nas adversidades.

Também explorámos estratégias para lidar com o stress e a pressão, além de considerar o futuro da psicologia do trade em um mundo em constante evolução.

É fundamental lembrar que o trading é uma jornada de autodescoberta e aprendizado contínuo.

Suas habilidades emocionais e psicológicas desempenham um papel crítico em seu sucesso.

Continue aprimorando seu entendimento da psicologia do trade, mantendo-se flexível e adaptável às mudanças no mundo financeiro.

Ao fechar esta obra, é como se fechássemos também um compêndio de experiências e introspecções valiosas.

Recordamos a dança das emoções que nos envolvem e guiam nos mercados financeiros, cada passo uma lição, cada tropeço uma oportunidade de crescimento.

A Trama Emocional do Trading:

Entrelaçámos a compreensão das sutilezas do cérebro do trader às complexas dinâmicas de mercado.

Desvendámos como as emoções afetam as decisões e como os preconceitos cognitivos podem distorcer a realidade, encorajando-nos a reagir impulsivamente em vez de responder com intencionalidade.

Domínio do Medo e Ganância:

Realizámos debates enriquecedores sobre o gerenciamento do medo e da ganância, encontrando caminhos para cultivar um trading disciplinado e equilibrado.

Falámos sobre a importância de selar o compromisso com a prática rigorosa e a análise objetiva, aprendendo a separar o trigo do joio nas sementes do pensamento.

Resiliência e Adversidade:

Na temática da resiliência, aprender a se recuperar e a adaptar-se foi uma ode à verdadeira coragem.

Encontrámos soluções nas práticas de diversificação e na gestão de risco e desdobrámos o véu sobre os sentimentos de isolamento e desafio que muitas vezes acarretam a jornada do trader.

Equilíbrio Sob Pressão:

Abordamos métodos para controlar o stress e vencer a pressão, destacando uma vez mais a importância vital da saúde mental para o sucesso sustentável.

Reconhecemos que a clareza de mente é uma joia a ser constantemente polida.

Antecipação do Futuro:

Olhando para o futuro, proferimos predições sobre o impacto das tecnologias emergentes na psicologia do trading, imaginando um domínio onde a consciência de si e as capacidades analíticas fundem-se em perfeita sinergia com a inovação.

Imagem Completiva:

A figura do quebra-cabeça completo não é apenas um símbolo do conhecimento adquirido, mas também uma metáfora da integração de todas as partes do ser de um trader , suas estratégias, suas emoções, seus sucessos e seus fracassos.

Cada peça representa uma faceta do conhecimento e da autoconsciência, e agora, a imagem completa brilha com uma luz nova, refletindo o potencial ilimitado para a realização pessoal e profissional.

O trading, mais do que uma profissão, é um espelho no qual nos vemos refletidos, um microcosmo de nosso próprio ser.

Portanto, mais do que ferramentas e estratégias, este livro é um convite , uma incitação para continuar a aprofundar o conhecimento de si mesmo, das emoções e de como elas moldam as nossas vidas.

Conclusão e Encorajamento:

Este livro fecha-se, mas a sua essência, o convite para uma jornada ininterrupta de aprendizado e autoaperfeiçoamento, é eterno.

Continua a navegar este mar vasto dos mercados, munido das ferramentas, mas, acima de tudo, com uma bússola interna calibrada pela autoconsciência e pela psicologia do trade.

Encerramos este livro com a esperança de que tenha adquirido um conjunto valioso de conhecimentos e ferramentas para enfrentar os desafios e as oportunidades no mundo do trading.

Lembre-se, o sucesso no trading vai além das habilidades técnicas; envolve uma compreensão profunda de si mesmo e das emoções que impulsionam suas decisões.

Aplique esses ensinamentos com sabedoria e continue a sua jornada de descoberta no mundo fascinante da psicologia do trade

Na jornada Do Zero ao Diamante.

Fim.

Pense, planeje e execute :

_____

_____

_____

_____

_____

_____

_____

_____

_____

_____

_____

_____

_____

_____

Pense, planeje e execute :

_____

_____

_____

_____

_____

_____

_____

_____

_____

_____

_____

_____

_____

_____

_____

Pense, planeje e execute :

_____

_____

_____

_____

_____

_____

_____

_____

_____

_____

_____

_____

_____

_____

Pense, planeje e execute :

_____

_____

_____

_____

_____

_____

_____

_____

_____

_____

_____

_____

_____

_____

Pense, planeje e execute :

_____

_____

_____

_____

_____

_____

_____

_____

_____

_____

_____

_____

_____

Pense, planeje e execute :

_____

_____

_____

_____

_____

_____

_____

_____

_____

_____

_____

_____

_____

_____

Pense, planeje e execute :

_____

_____

_____

_____

_____

_____

_____

_____

_____

_____

_____

_____

_____

Pense, planeje e execute :

_____

_____

_____

_____

_____

_____

_____

_____

_____

_____

_____

_____

_____

_____

_____

Pense, planeje e execute :

Pense, planeje e execute :

_____

_____

_____

_____

_____

_____

_____

_____

_____

_____

_____

_____

_____

_____

www.ingramcontent.com/pod-product-compliance
Lightning Source LLC
Chambersburg PA
CBHW07084731O526
45796CB00014B/215